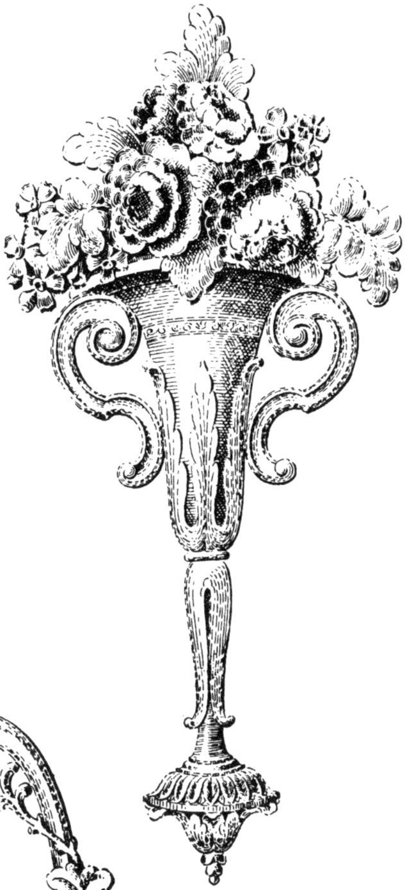

001

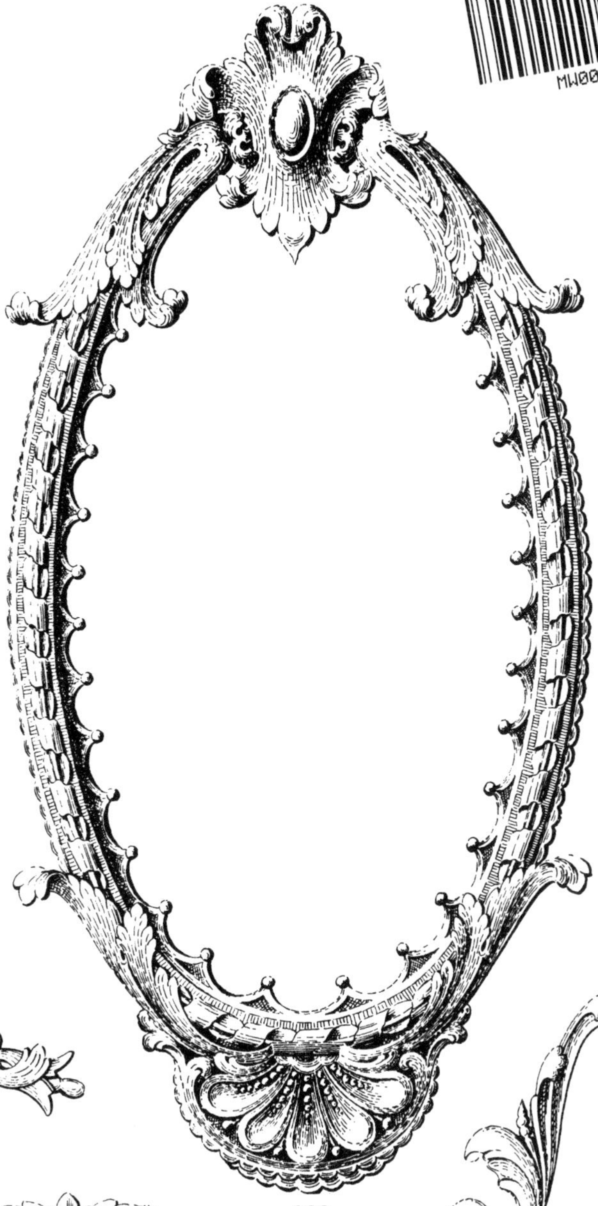

002

003

004

005

006

007

008

009

1

010

011

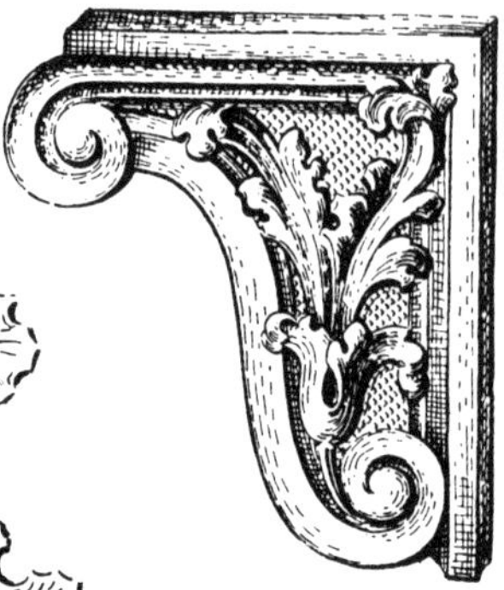

012

013

014

015

016

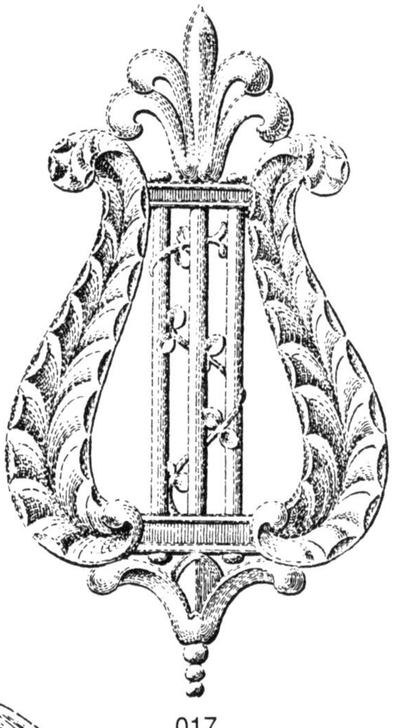

017

018

2

019

020

021

022

023

024

025

026

027

028

029

030

3

031

032

033

034

035

036

037

038

039

040

041

042

4

043

044

045

046

047

048

049

050

051

052

053

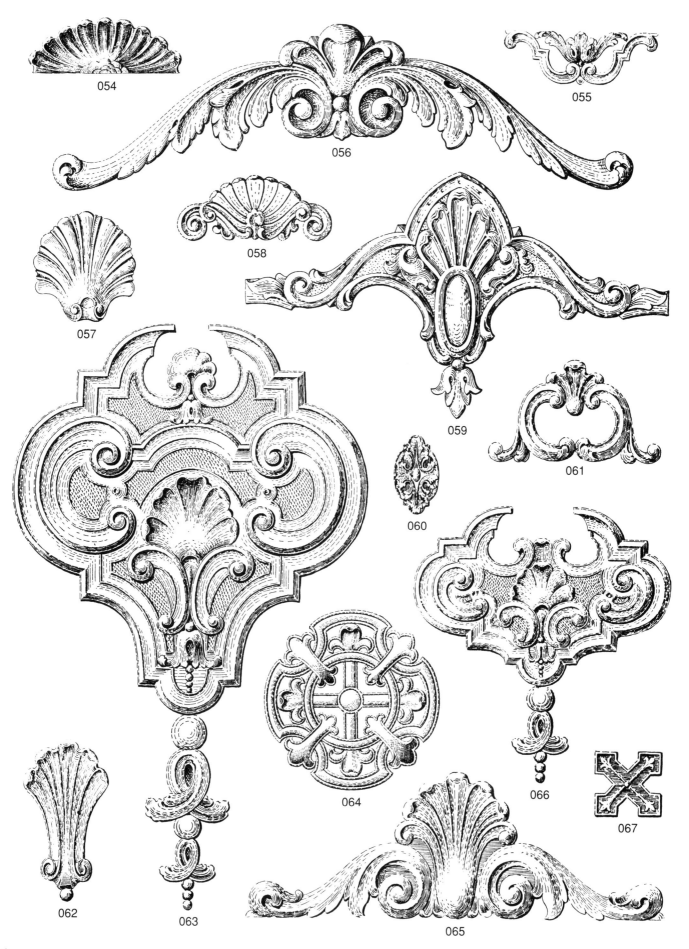

054

056

055

058

057

059

061

060

066

064

067

062

063

065

068

069

070

071

072

073

074

075

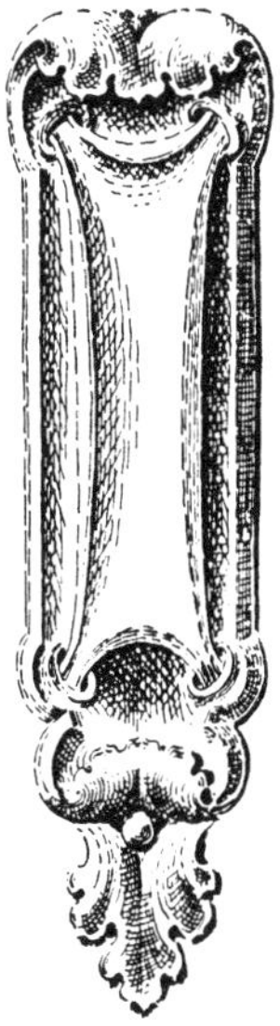

076

077

078

079

7

080

081

082

083

084

085

086

087

088

089

8

090

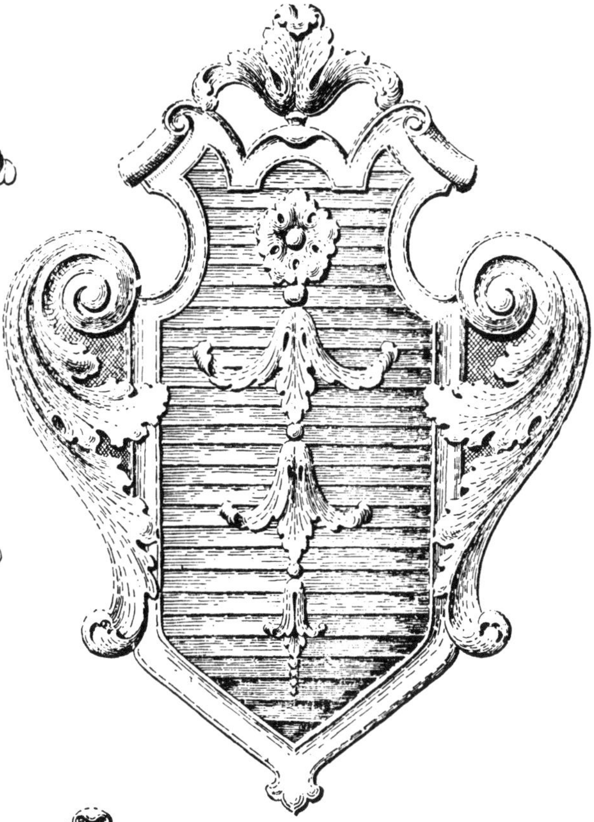

091

092

093

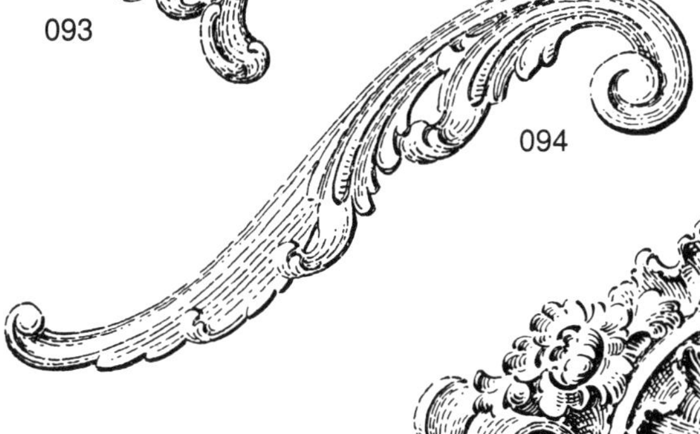

094

095

096

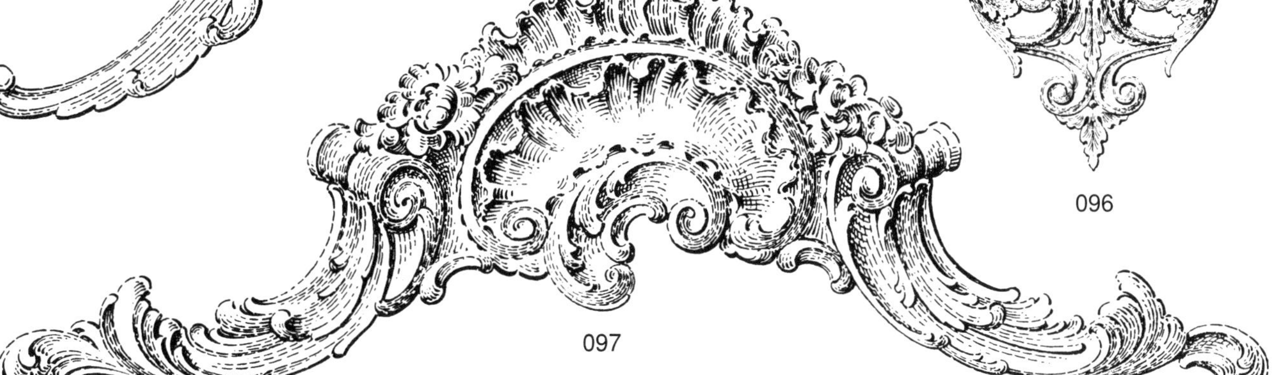

097

098

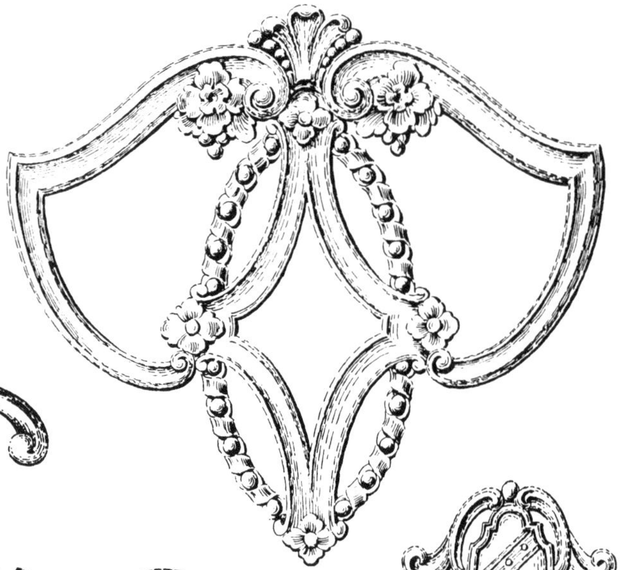

099

100

101

102

103

104

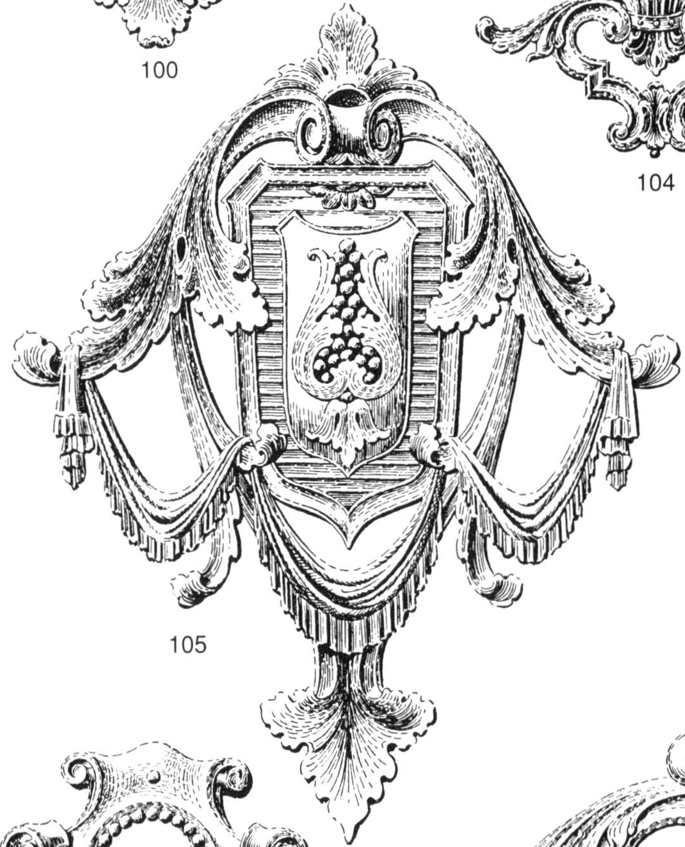

105

106

107

108

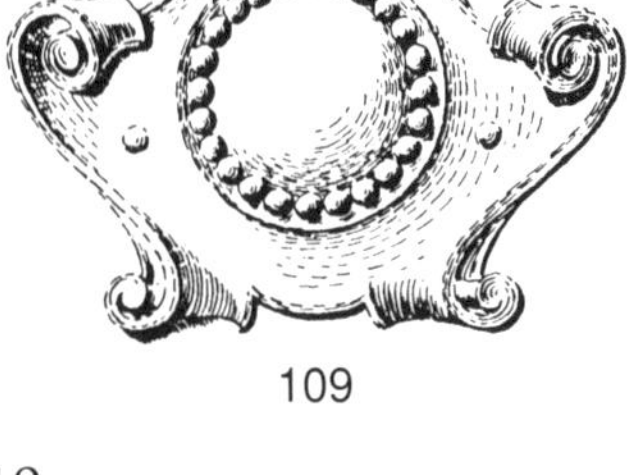

109

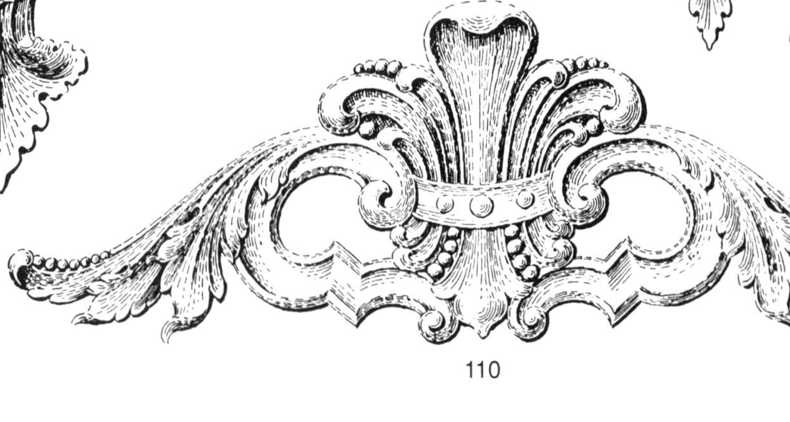

110

10

111

112

113

114

115

116

117

118

119

120

121

122

11

123

124

125

126

127

128

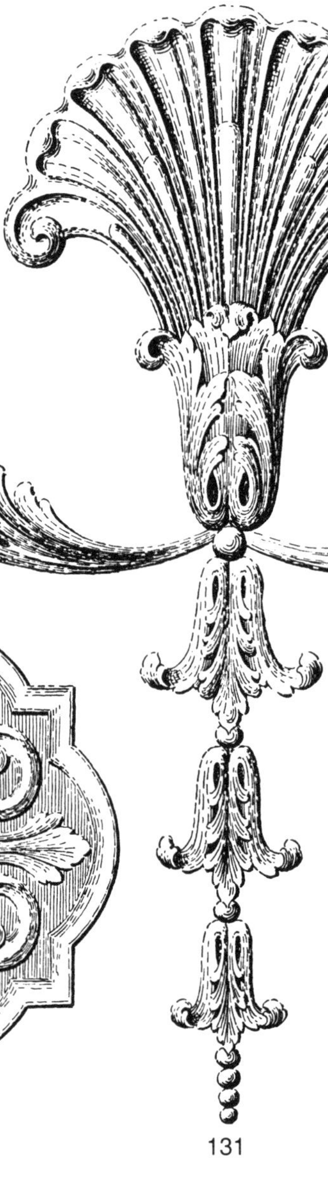

129

130

131

132

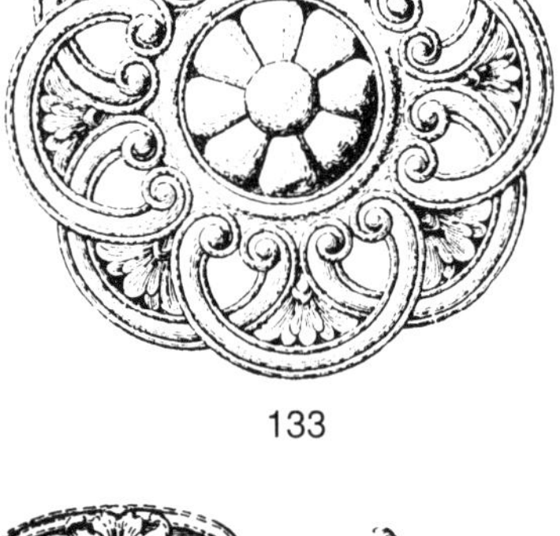

133

134

12

135

136

137

138

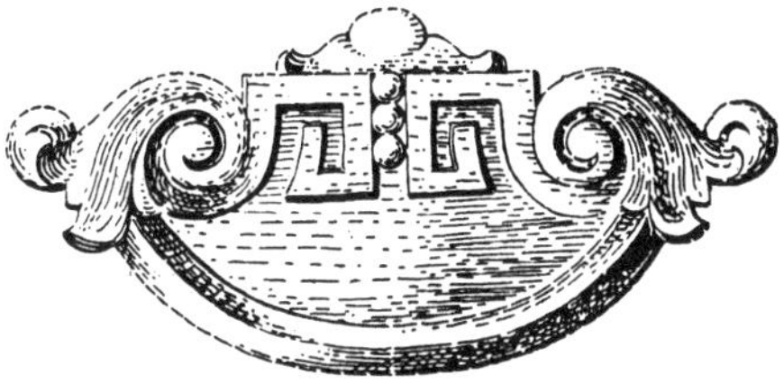

139

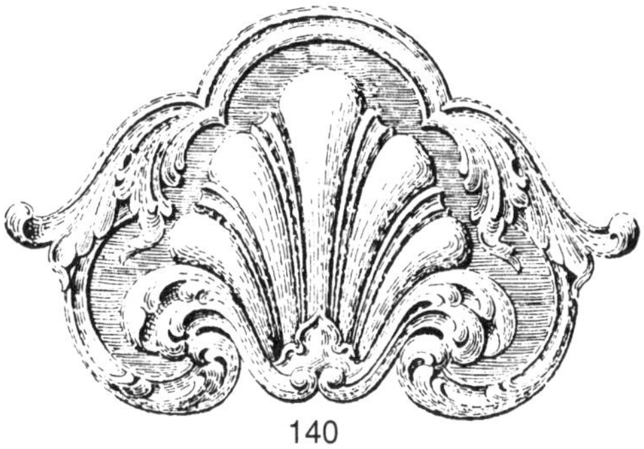

140

141

142

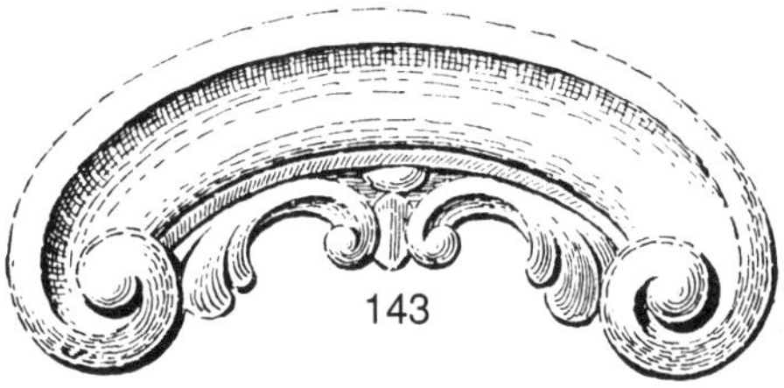

143

144

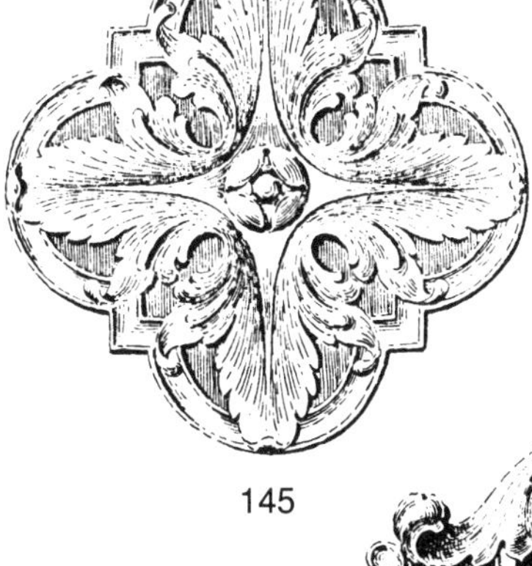

145

146

147

148

13

149

150

151

152

153

154

155

156

157

158

159

160

161

162

14

163

164

165

166

167

168

169

170

171

15

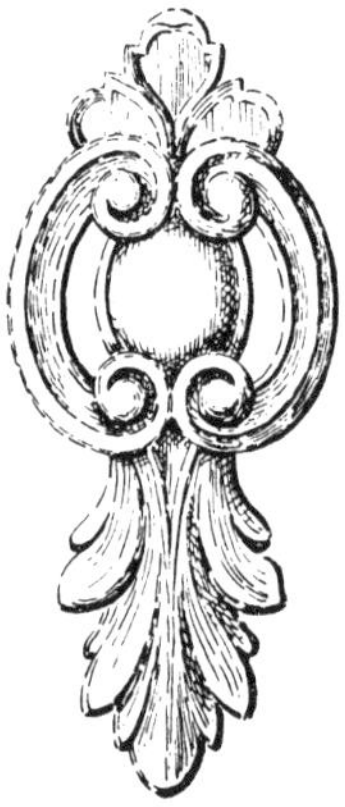

172

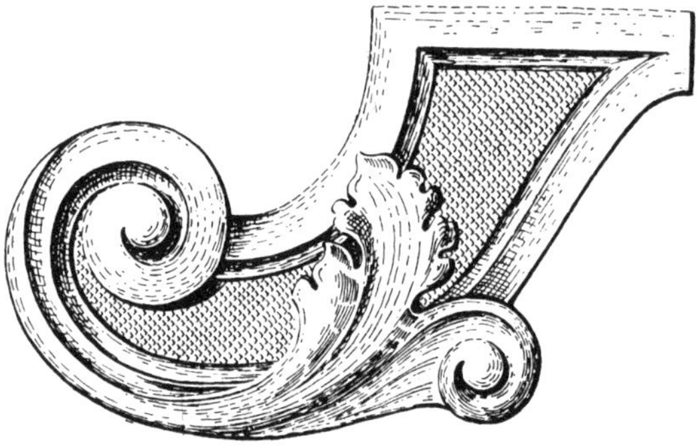

173

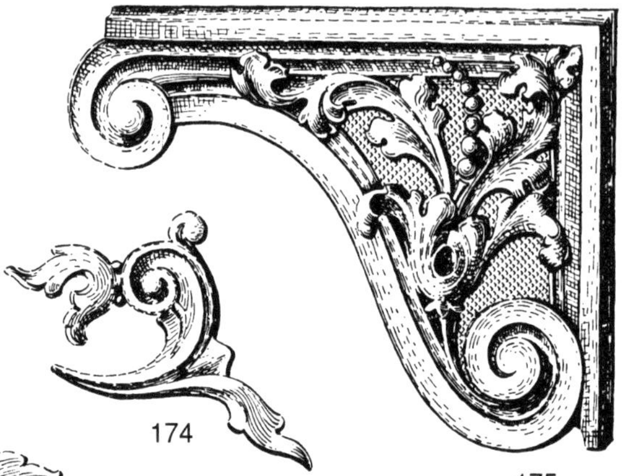

174

175

176

177

178

179

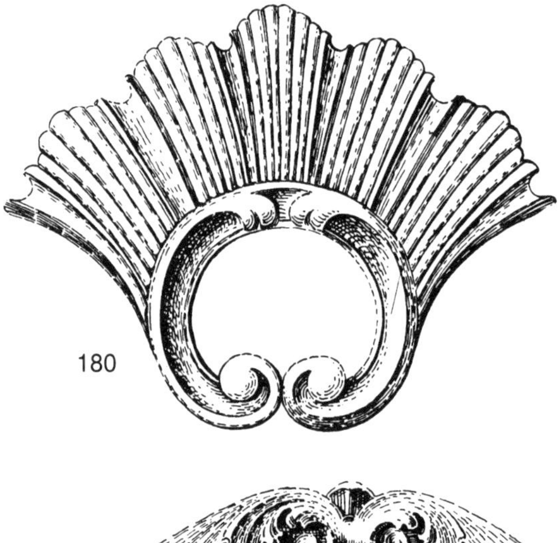

180

181

182

183

16

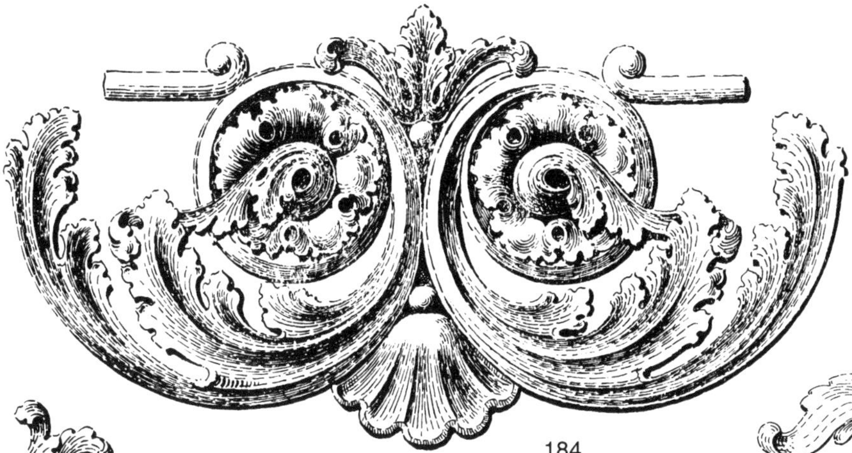

184

185

187

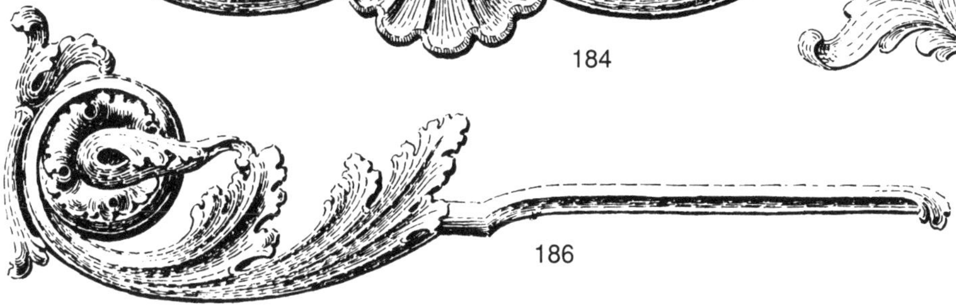

186

188

189

190

191

192

193

194

195

196

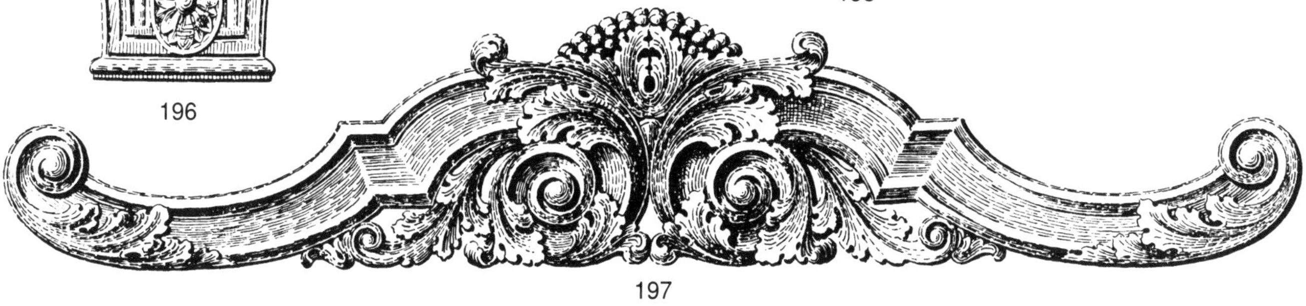

197

17

198

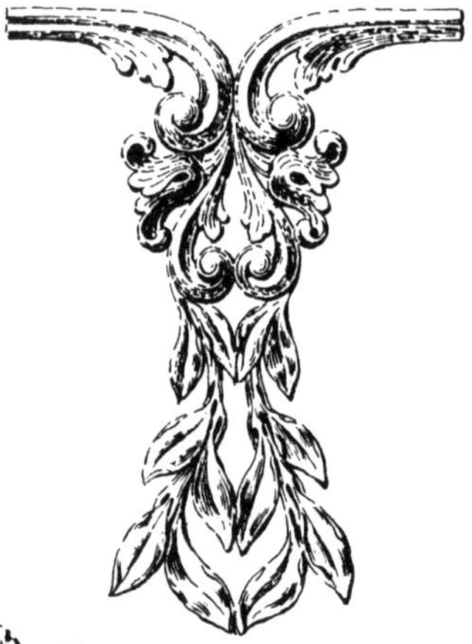

199

200

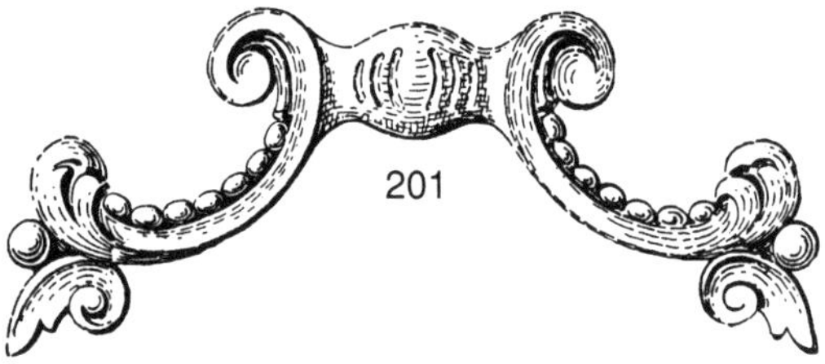

201

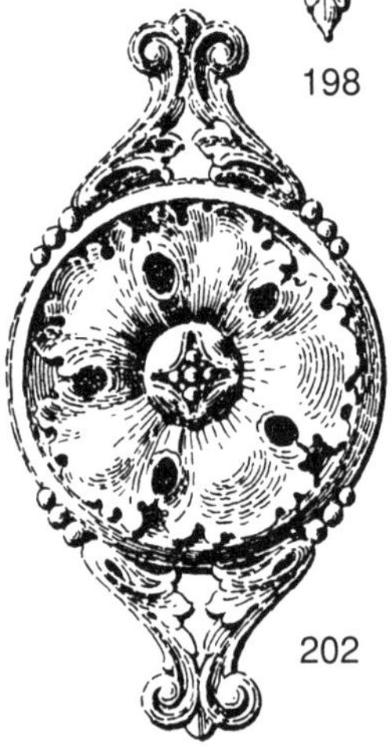

202

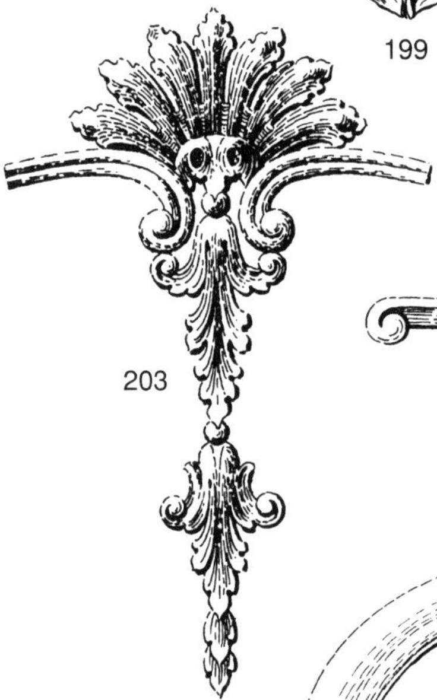

203

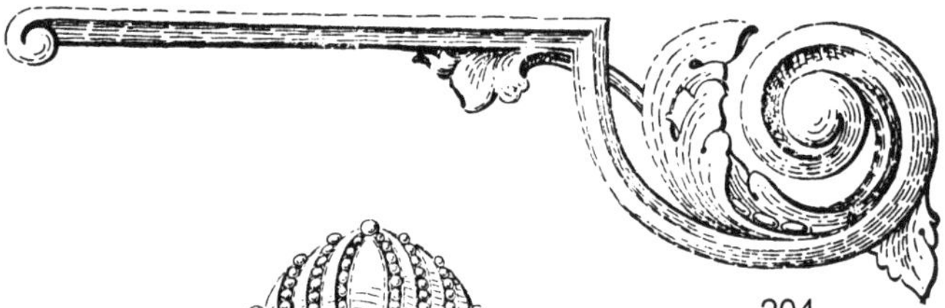

204

205

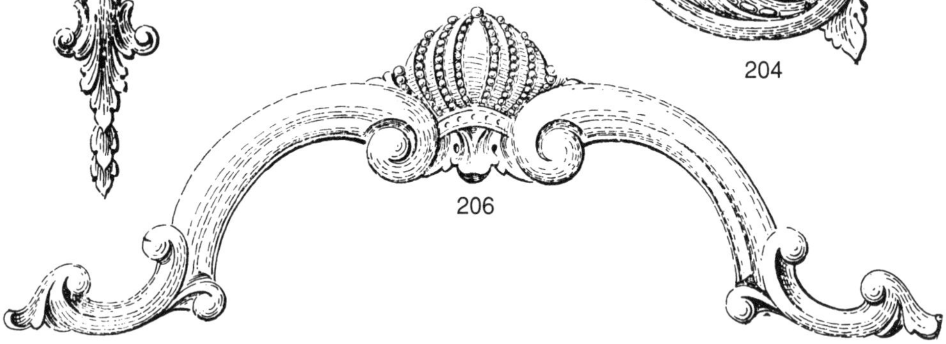

206

207

208

209

18

210

211

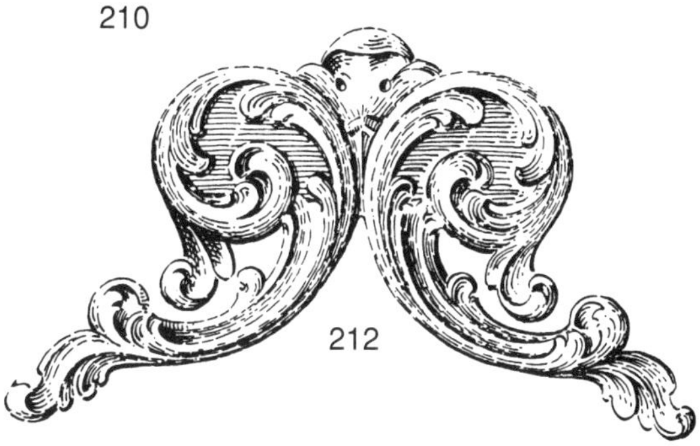

212

213

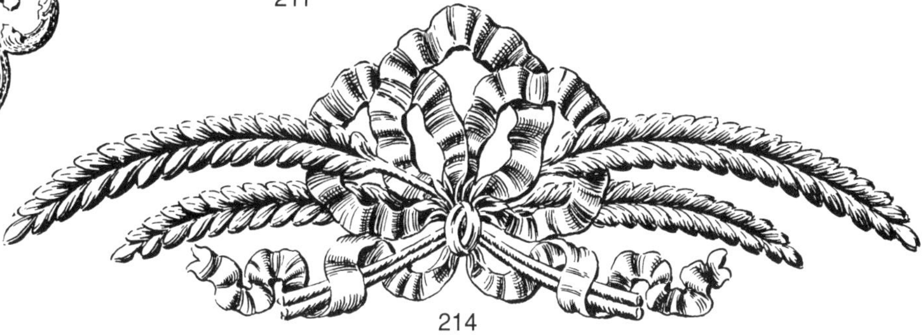

214

215

216

217

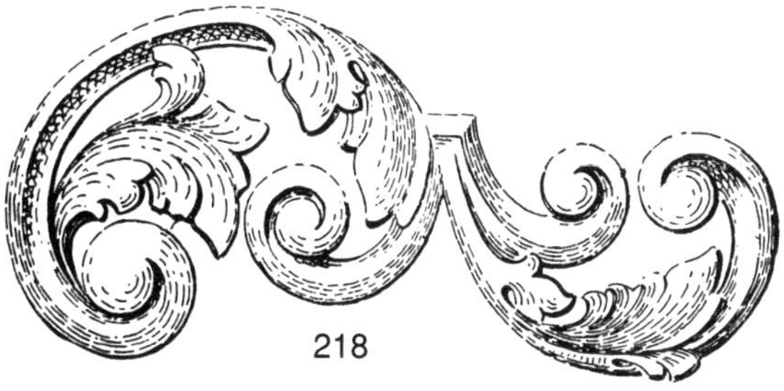

218

219

220

221

19

222

224

223

225

226

227

228

229

230

231

20

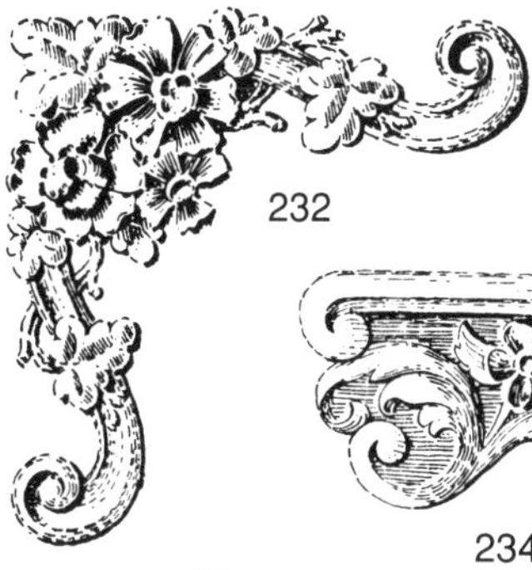

232

233

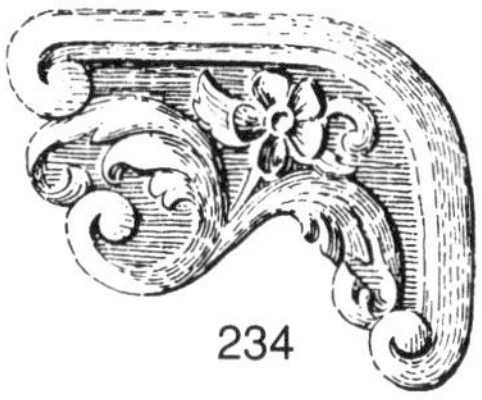

234

235

236

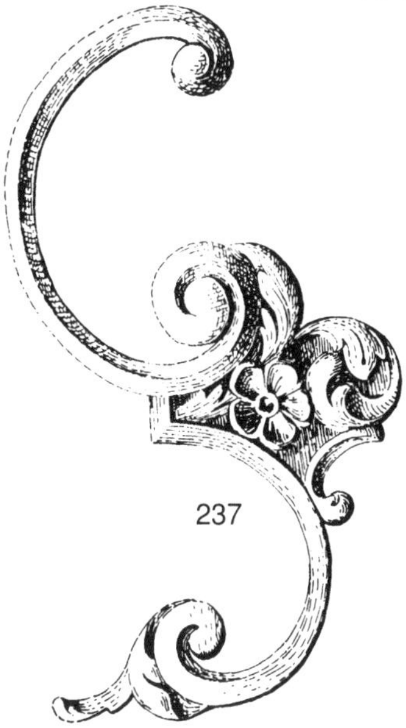

237

238

239

240

241

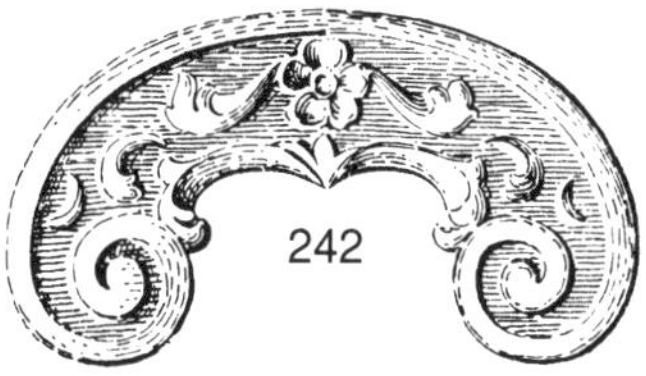

242

243

244

245

246

247

248

249

250

251

252

253

254

255

256

257

258

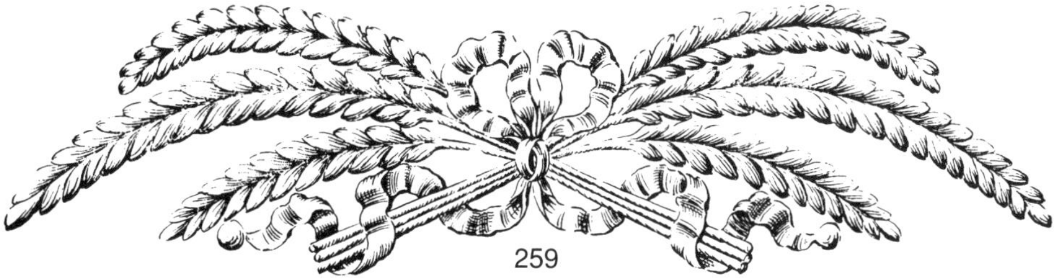

259

260

261

262

263

264

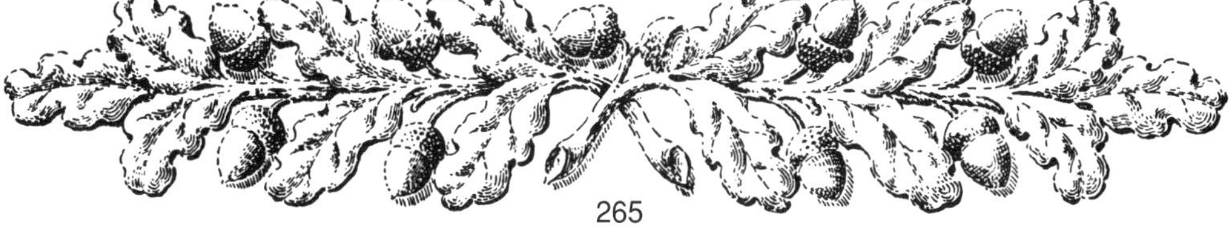

265

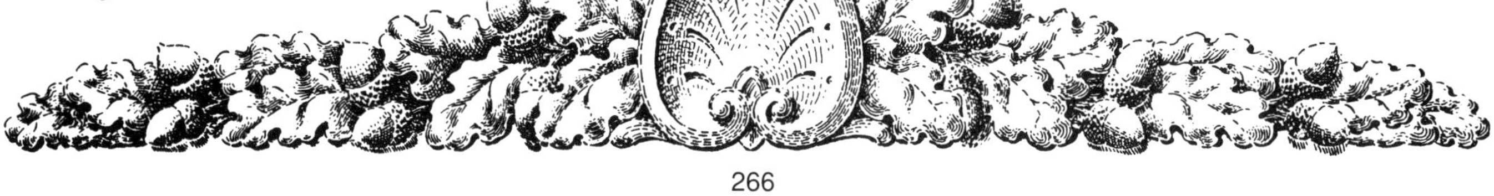

266

23

267

268

269

270

271

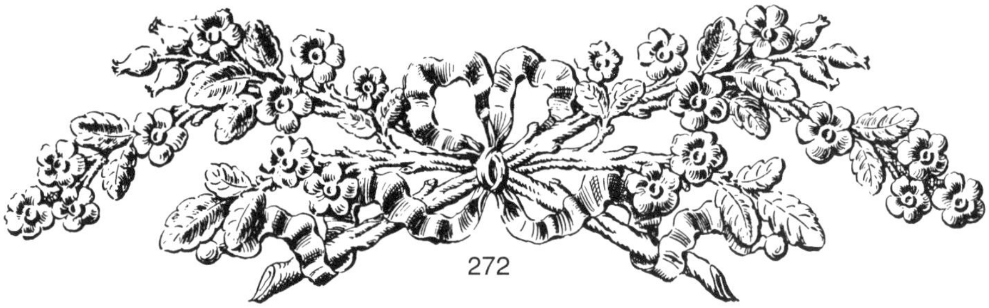

272

273

274

275

276

277

24

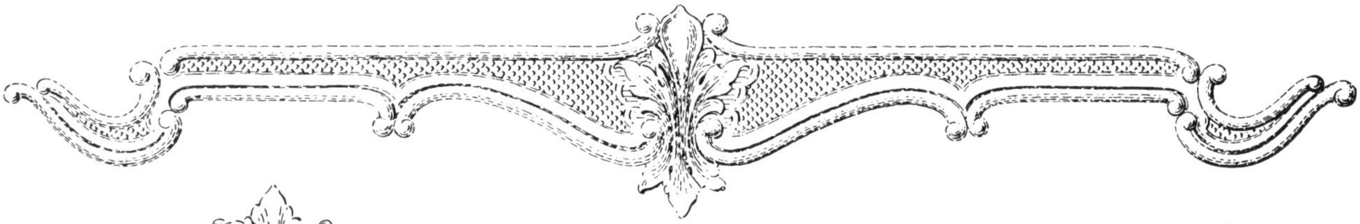

278

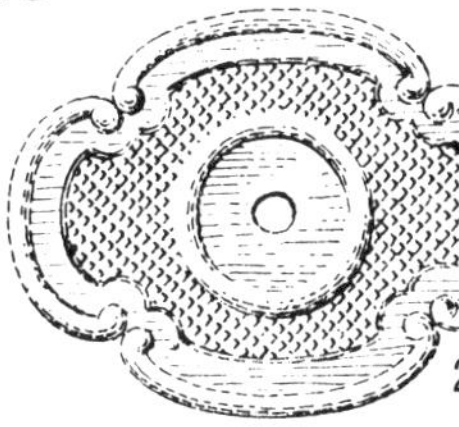

279

280

281

282

283

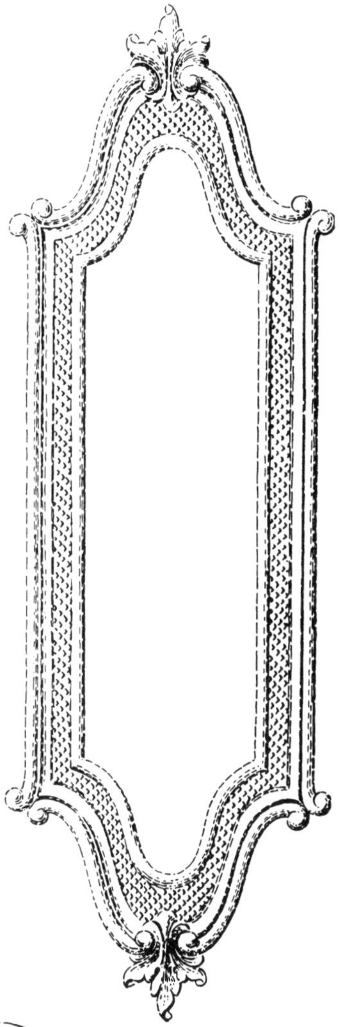

284

285

286

287

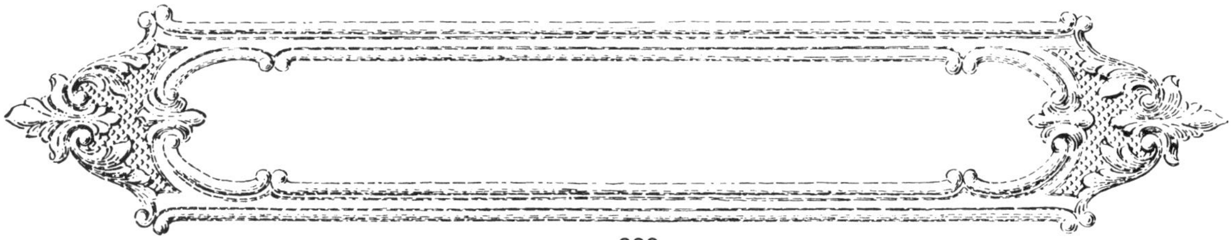

288

289

290

291

292

293

294

295

296

297

298

299

300

301

302

303

304

305

27

306

307

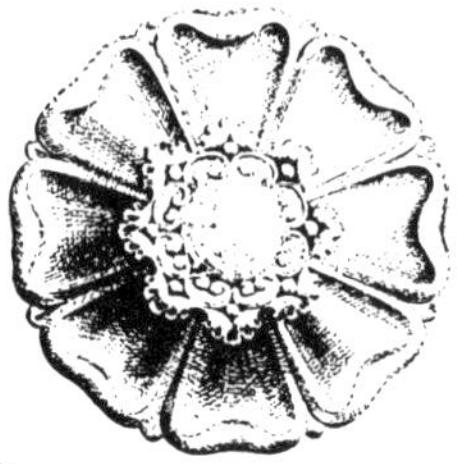

308

309

310

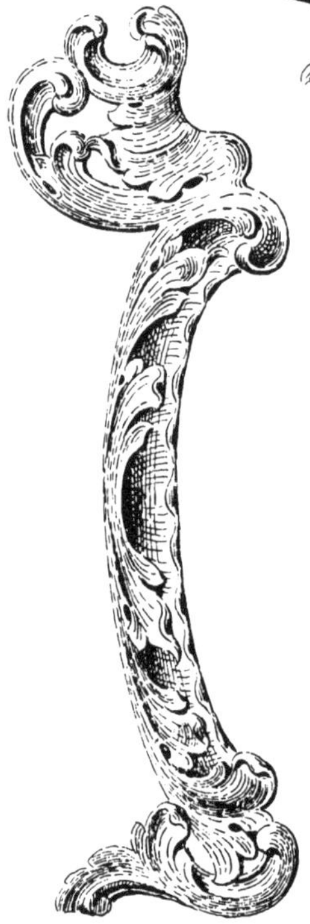

311

312

313

314

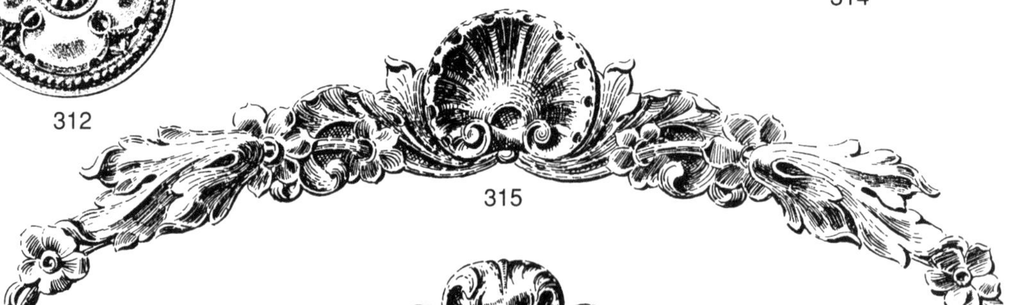

315

316

317

28

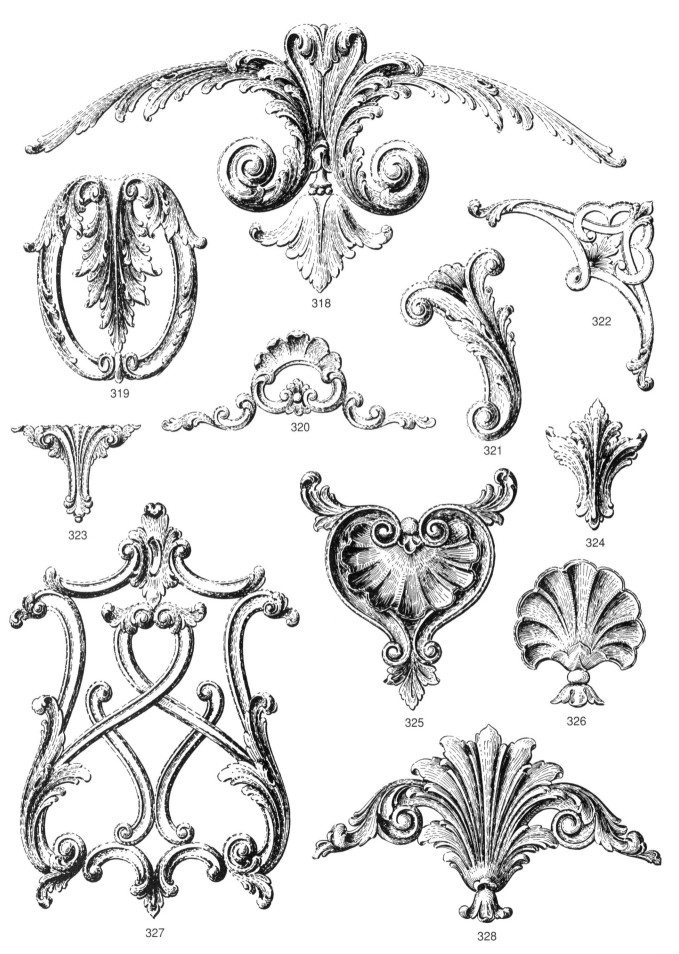

318

319

320

321

322

323

324

325

326

327

328

329

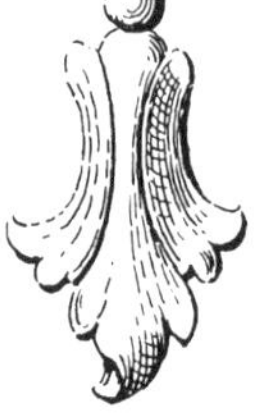

331

332

330

334

333

336

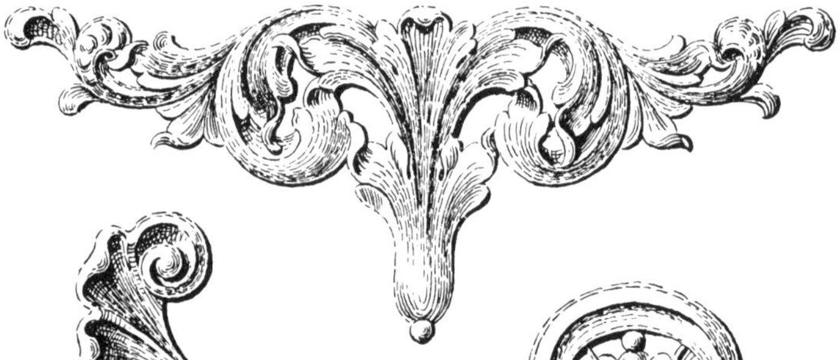

335

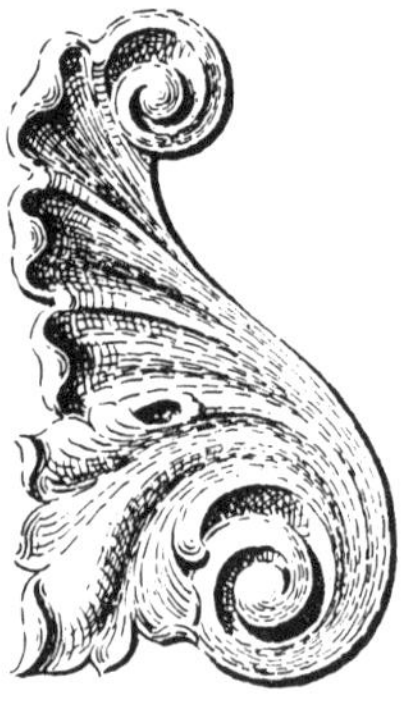

337

338

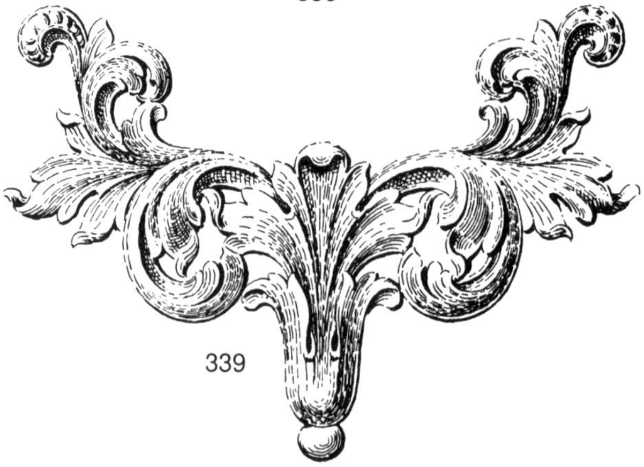

339

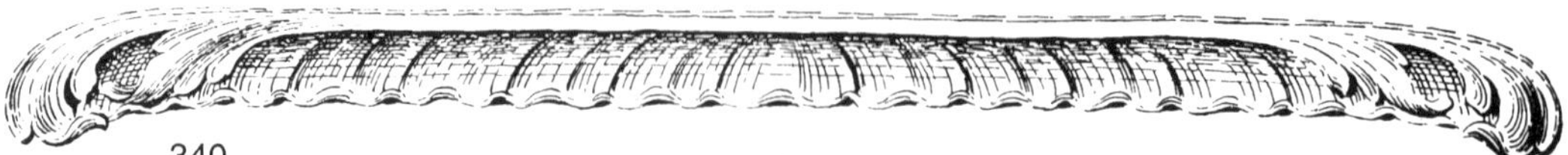

340

341

342

343

345

344

346

347

348

349

350

351

352

31

353

354

356

357

355

358

359

360

361

362

363

364

365

366

32

367

368

369

370

371

372

373

374

375

376

377

378

379

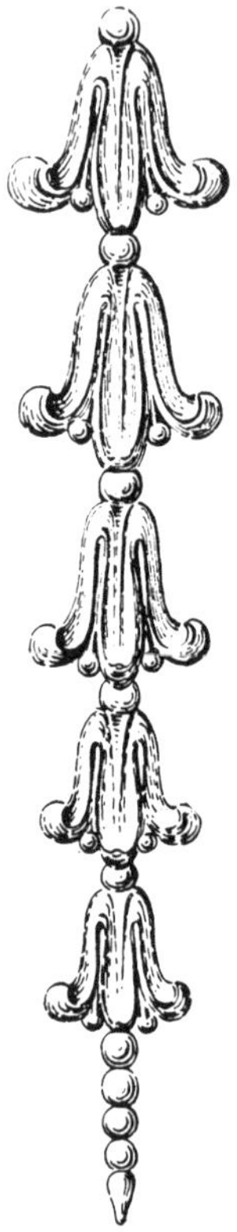

380

381

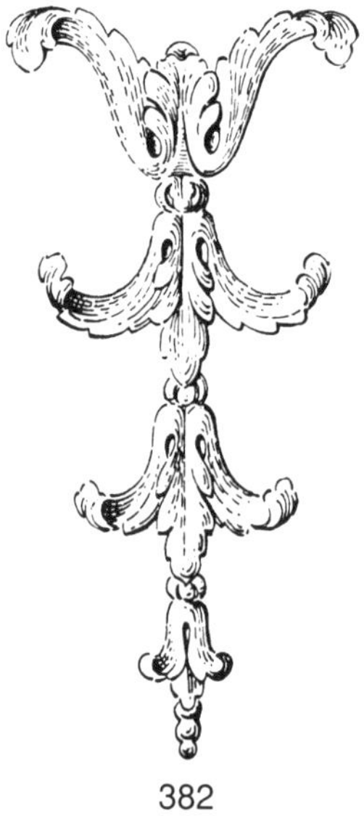

382

383

384

385

386

387

388

34

389

390

391

392

393

394

395

396

397

398

399

400

401

402

403

404

405

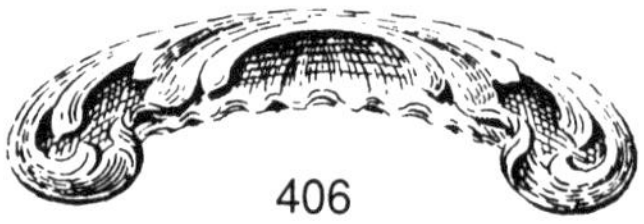

406

407

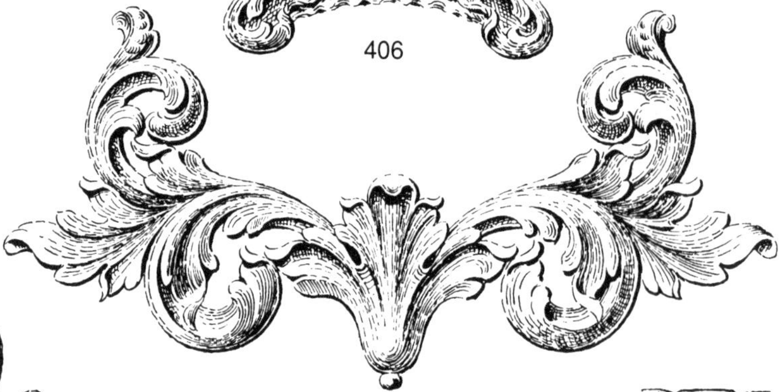

408

409

410

411

36

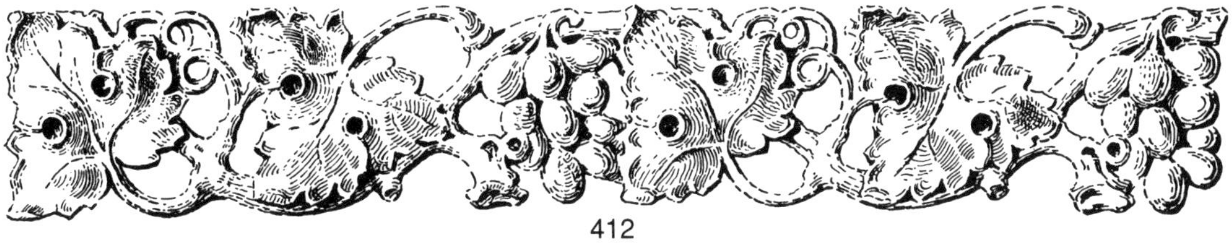

412

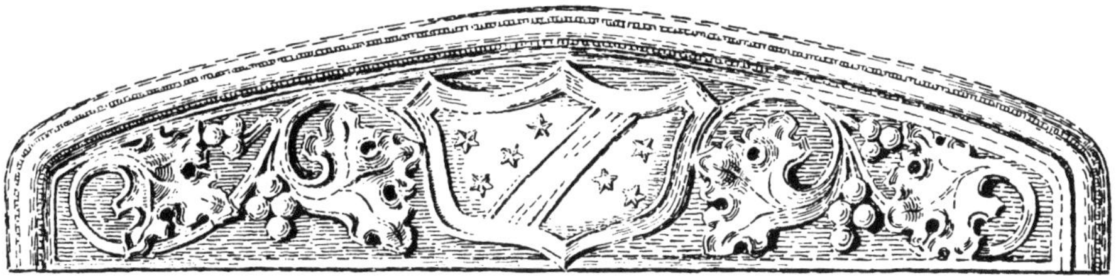

413

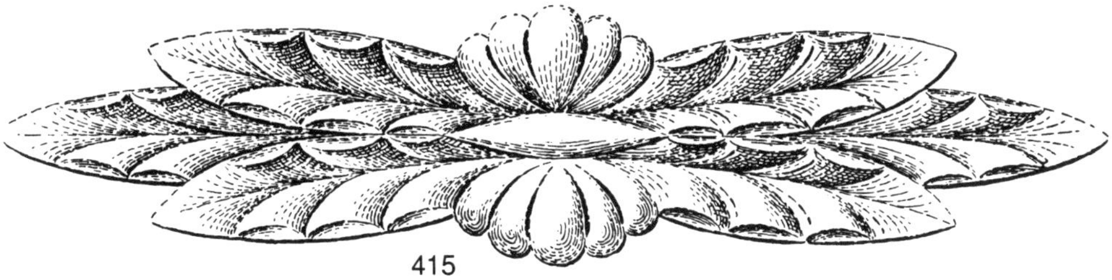

415

414

416

417

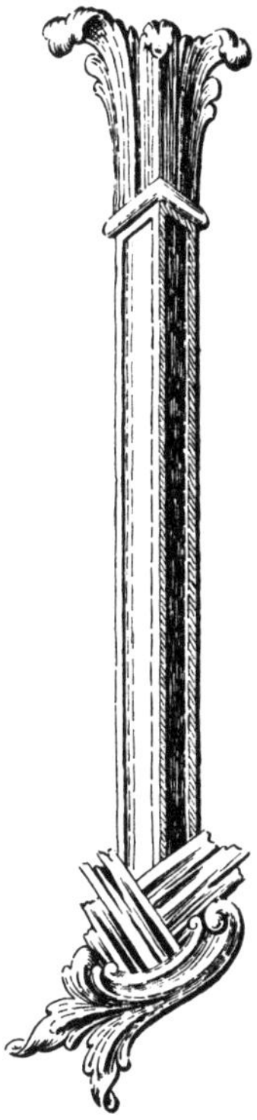

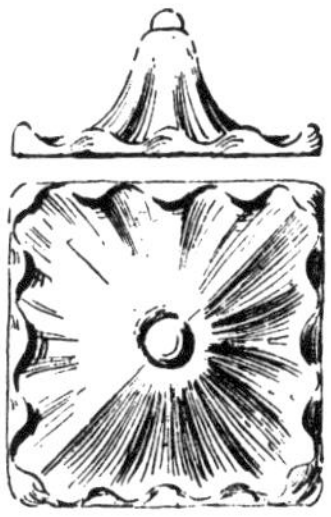

419

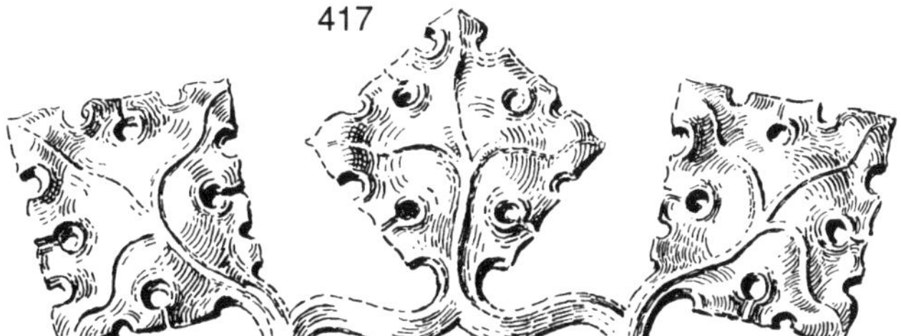

420

418

421

422

423

424

425

426

427

428

429

430

431

432

38

433

434

435

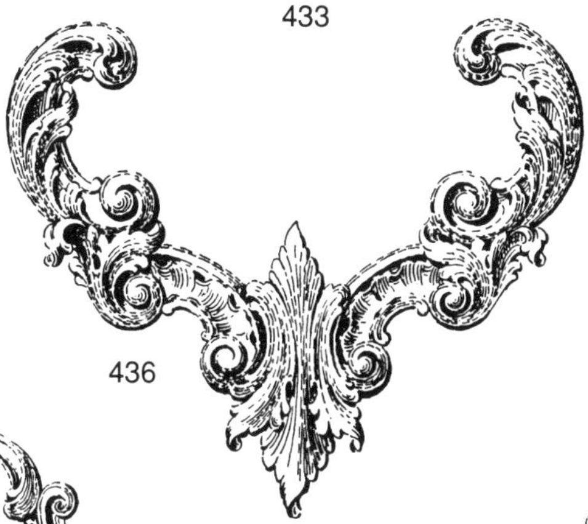

436

437

438

439

440

441

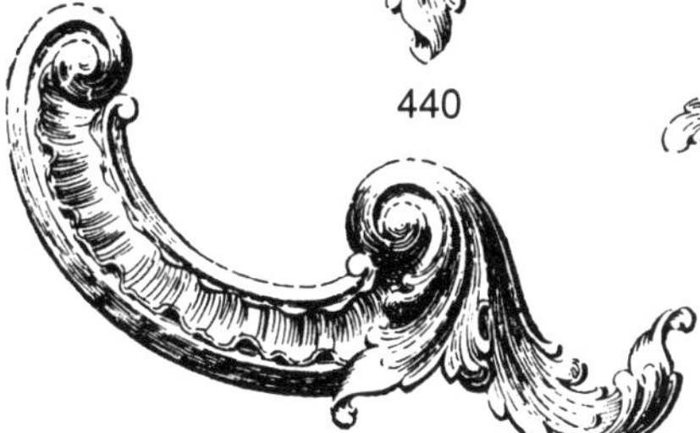

442

443

444

445

446

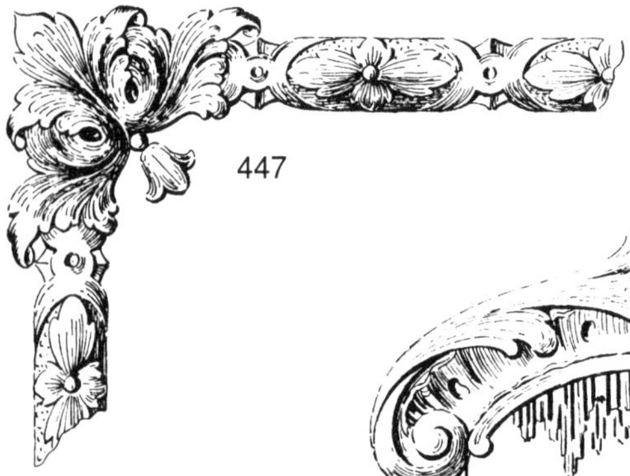

447

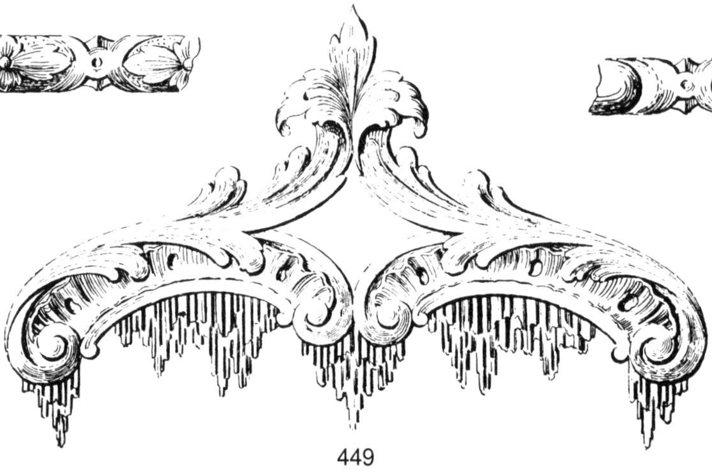

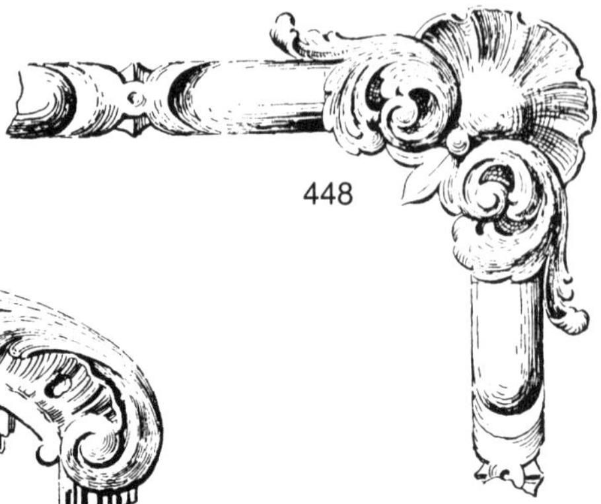

448

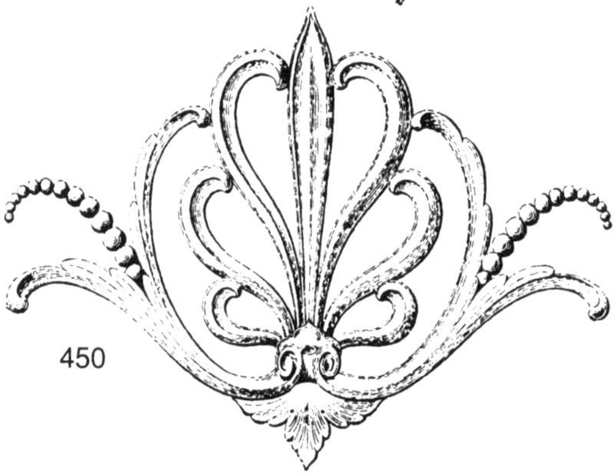

449

450

451

452

453

454

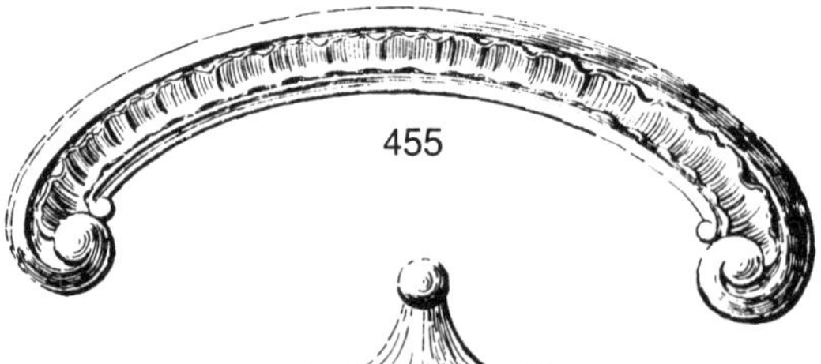

455

456

40

457

458

459

460

461

462

463

464

465

466

467

468

469

470

471

472

473

42

474

475

476

477

478

479

480

481

482

483

484

485

486

487

488

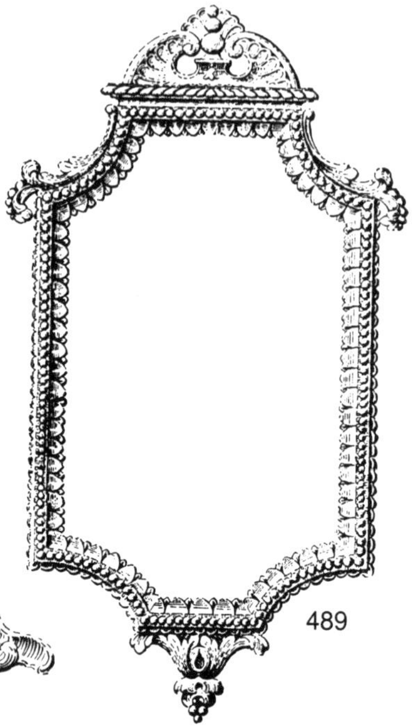

489

490

491

492

493

494

495

496

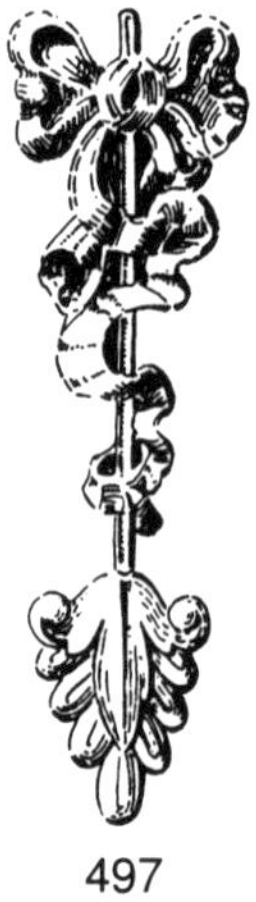

497

498

44

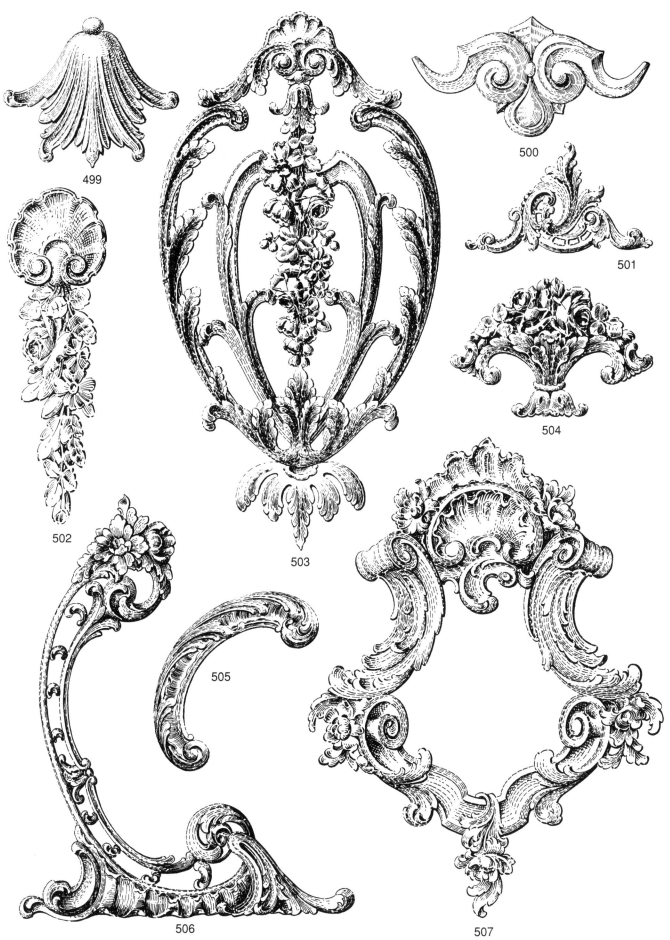

499

500

501

502

503

504

505

506

507

45

508

509

510

511

512

513

514

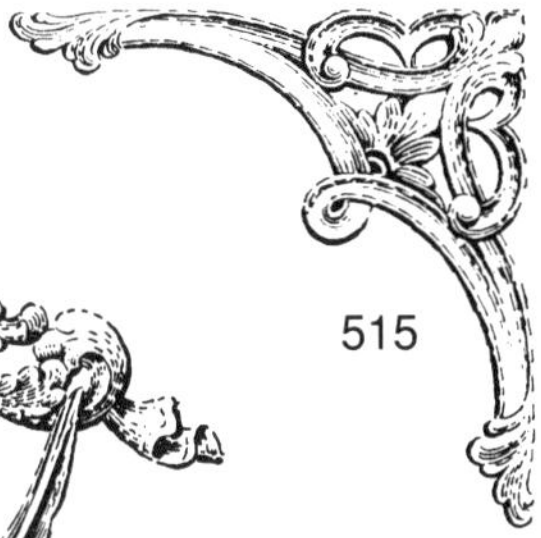

515

516

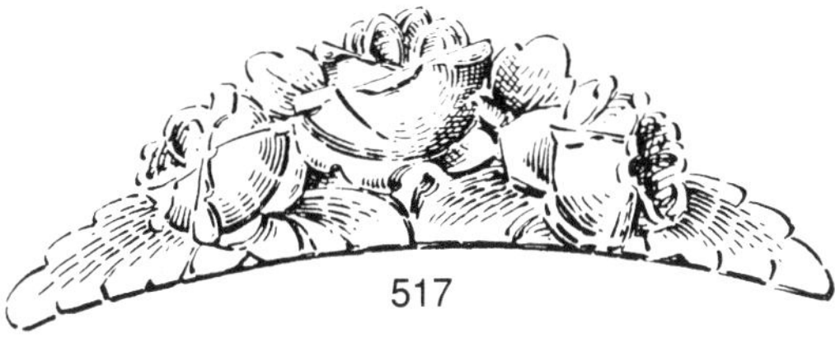

517

518

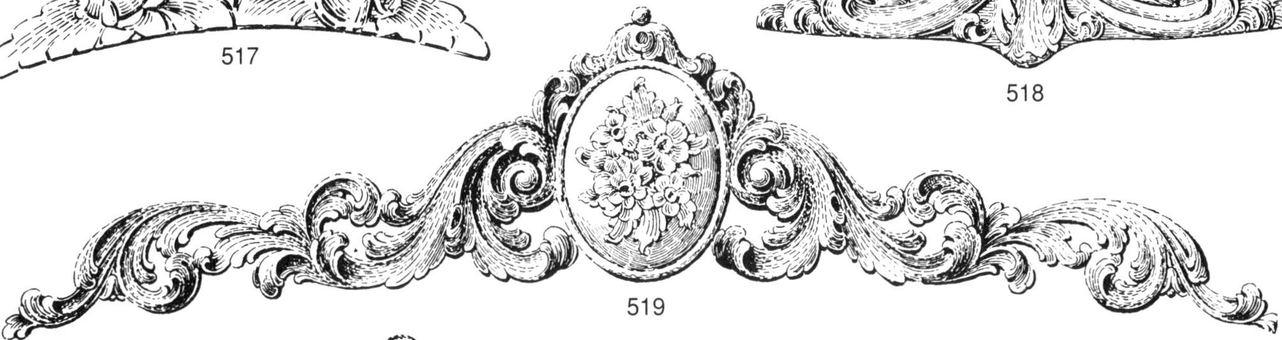

519

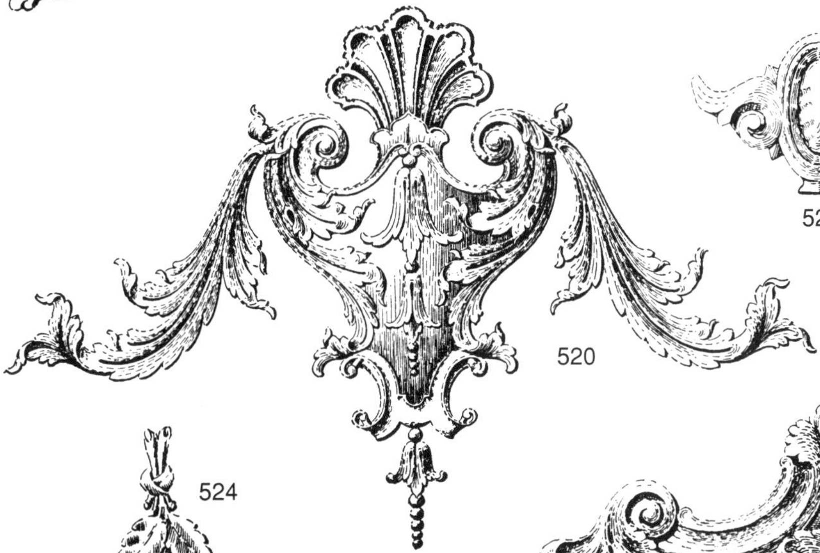

520

521

522

523

524

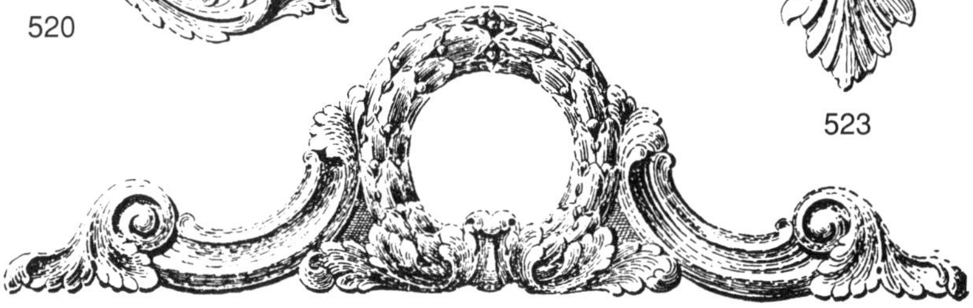

525

526

527

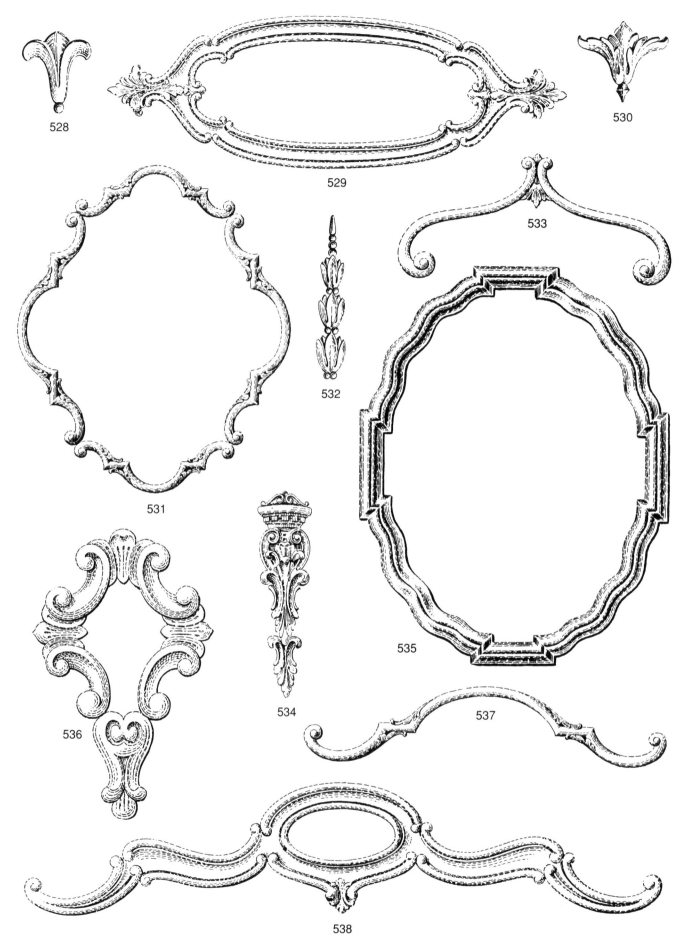

528

529

530

531

532

533

534

535

536

537

538